MEDEA O EL HERIDO CORAZÓN DE LA GRANADA

MEDEA O EL HERIDO CORAZÓN DE LA GRANADA
Primera edición: diciembre 2024
Reservados todos los derechos:
Ediciones Torremozas.

© Elisa Constanza Zamora Pérez
© del prólogo: Milagros Salvador
© de la traducción: Mercedes Porcel Martín
© ilustración de cubierta: Concha Muñoz Estepa
© fotografía de la autora: María José Muñoz Estepa

ISBN: 978–84–7839–938-3
Depósito Legal: M-25382-2024
Impreso en Madrid

EDICIONES TORREMOZAS
ediciones@torremozas.com
www.torremozas.com

ELISA CONSTANZA ZAMORA PÉREZ

Medea
o el herido corazón de la granada

Prólogo: Milagros Salvador

A mi padre,
Constantino Zamora Sánchez, cuyas historias
aún resuenan en nuestros corazones.
In memoriam.

PRÓLOGO

Una obra de teatro representa siempre un doble desafío: enfrentarnos a su estructura como obra literaria y adaptarla para su realización escénica, y siempre la sorpresa se esconde detrás de su título. En este caso, *Medea o el herido corazón de la granada* consigue superar el desafío a la vez que nos incita a la curiosidad.

Medea es una figura muy tipificada y arraigada en nuestra cultura, que ha soportado muy bien los envites del tiempo y ha sido versionada sobre todo en los siglos XX y XXI. Ha atraído la atención de la cultura dramática tanto en la Península Ibérica como en Latinoamérica; de Portugal a México o de España a Brasil encontramos versiones y reescrituras. Pero también despertó el interés de otras artes como la música, con versiones operísticas —que irían de la *Medée de* M.A. Charpentier (1693) a la *Midea* de O. Strasnoy (2000)—. También se ha adaptado para danza flamenca. Recordemos la realizada por el Ballet Nacional de España con coreografía de José Granero y música de Manolo Sanlúcar, 1984. Personaje recurrente en la pintura, fue tipificada por los pintores prerrafaelitas en esa fantasía que llamaban *femme fatale,* al remarcar su poder como bruja (así la vemos, valga un ejemplo, en el cuadro de F. Sandys, 1868).

El primer aspecto que debo destacar de esta obra es el interesantísimo ritmo ascendente que presenta. La autora ha asumido el riesgo de mostrarla en la local realidad del mundo del flamenco, acaso para dar esa transversalidad de cómo un tema clásico puede llevarnos a una reflexión en un tema coetáneo, como el que engloba lo que ha significado la mujer, su mundo social y psicológico que ha facilitado o impedido los diferentes caminos por los que ha transitado. Esta Medea es un personaje catalizador de inquietudes, con un enfoque de vigente actualidad.

La obra comienza con una escena realmente cotidiana: padre, bailaora y abuela, tres arquetipos con los que la autora va arrastrando al lector o al público a la acción que mueve la historia. Estilísticamente contrasta el tono coloquial y cercano del «Cuadro I», en el que se reproduce el habla jerezana, salpicada de términos o expresiones procedentes del caló, frente a la poeticidad del «Cuadro II», en el que los parlamentos se salpican de metáforas y la música y el baile flamenco hacen de contrapunto a la voz de los personajes, para crear una atmósfera densa y doblemente artística. La autora pone especial interés en las acotaciones que también respiran con poeticidad y recurre al tópico del «teatro dentro del teatro», recursos que admira en Cervantes y Valle-Inclán.

Medea es el eje de su propia historia, un personaje cuya alma ha sido reflejada en el teatro clásico, al que ha trascendido, hasta llegar al siglo XXI. La grandeza del personaje admite diversas formas de tratamiento, sin perder nunca el asombro del primer descubrimiento.

En el cuadro II encontramos el corazón de la obra, con conversaciones entre Medea y Jasón que afianzan el soporte de lo que la obra griega buscaba trasmitir. Medea no es una mujer que pueda ocupar un segundo plano: «¿Me pides que el recuerdo palíe mi sed de amor? ¿Acaso piensas que acordarse del agua en la sequía hará florecer la tierra?».

Esta obra, además, es una llamada a la vertiente didáctica. De cómo la disconformidad nos abre tantas veces el pensamiento, donde se trata la otredad. La reescritura del mito busca mostrar la importancia de la libertad en toda su amplitud. Medea no quiere un amor engañoso ni cautivo y siente pena por Glauce: «... porque no es más que un juguete en las manos de su padre que la trata como un objeto, porque en esta tierra la mujer no es una persona, sino una moneda de cambio». Se abre otra posibilidad: esta Medea no está dominada por un incontrolable deseo de venganza, antes bien asume su destino una vez que: «... la calumnia ya da vueltas como torbellino furioso. Las gentes te culpan y vienen a tomar venganza».

Es importante destacar el siguiente párrafo: «No es sangre, el rojo de las manos es el zumo de la dulce granada, que ella misma ha exprimido, en honor de Hécate, su Diosa...». La diosa de la encrucijada, en la que ella misma se encuentra, como le recuerda el coro. Un momento clave en la historia, ya que en este preciso instante nos percatamos de dos ideas principales: la más clara es la alusión directa que se relaciona con el título. Pero la más importante, y en la que la autora busca cambiar la historia de Medea, es el hecho de cómo los actos inocentes de Medea, que solo buscaba el bien, son los que la condenan eternamente, metáfora amplificada de una injusticia histórica que las mujeres han cargado durante milenios sobre sus espaldas y no solamente en el plano simbólico.

En la escena IV se enfrenta a la dualidad de la Naturaleza, «vida/muerte», marcada como la Madre frente a la Muerte, cuando toma consciencia de que sus hijos han sido asesinados. Ante el hecho de la pérdida y lo irracional del acto, únicamente queda espacio en su corazón para el amor hacia ellos y la angustia de no haberlos acompañado: «Me destroza pensar que en el momento que han sido llevados hacia la muerte, al buscar una mano amiga, la mirada consoladora de su madre, solo han encontrado el vacío...».

El broche final queda concentrado en la siguiente frase: «No olvides que soy una mujer libre», donde Medea se enfrenta al final que le ha sido impuesto, aunque no por ello el final de su historia, pues afirma con rotundidad: «Las ideas no pueden ser eliminadas», expresión precisa que se vincula a la intencionalidad que se ha ido enlazando a lo largo de los cuadros y escenas.

Todo ello, unido a la incardinación de la música y el baile como otro medio de expresión, logra adentrar la obra en la cultura andaluza y crea un mundo propio donde el uso del flamenco aporta cercanía, intensidad emocional y poderío que no deja de ser reflejo del alma de la propia Medea.

Es interesante sentir la fuerza con la que se evidencia cómo una obra, un mito clásico, que tan bien concibió Eurípides y que trascendió los siglos y las culturas, con diferentes interpretaciones, abriendo caminos a otras líneas de expresión y aun de reflexión, llega renovado a través de nuestra autora, que no nos presenta a una Medea vehemente y vengativa, sino a una mujer injustamente temida y calumniada, que a pesar de que se sabe sola (un guiño con la Medea de Séneca), intentará reconstruirse interiormente para enfrentar el duelo por sus hijos; una mujer que todavía cree en la razón y el diálogo, pero que con su actitud va a cuestionar e invertir el manido binomio «cultura griega/barbarie extranjera». Por eso, fiel a sí misma y con valentía, se enfrenta a la turba inflamada que la espera.

Por último, *Medea o el herido corazón de la granada* es una muestra de cómo es posible unir pasado y presente, lo individual y lo colectivo, la ética y la belleza, que es lo mismo que decir pensamiento y arte.

Mi felicitación a la autora.

Milagros Salvador

Medea
o el herido corazón de la granada

PERSONAJES DEL DRAMA

Padre

Bailaora

Abuela

Medea

Diosa Hestia

Jasón

Nodriza

Coro de bailaoras sacerdotisas

CUADRO I

ESCENA 1

(Tablao flamenco típico. Gente que entra y sale. Saludos. El arte flota en el ambiente. Se escuchan los acordes de una guitarra que envuelve el espacio con vuelo de «alegrías». Un cantaor alto con mucho empaque entra en escena, seguido por una muchacha que se va colocando el mantoncillo.)

PADRE.— ¡Niña, que te he dicho muchas veces que te dejes de tonterías! ¡Que tienes un negocio que va a ser tuyo y que tienes que mirar por él! ¡Y no hay más que hablar!

BAILAORA.— Pero papá...

PADRE.— ¡Que no hay peros que valgan! Chitón.

BAILAORA.— ¡Qué más te da! Si el ensayo del tablao no coincide con el ensayo de la *Medea*. Puedo llevar los dos trabajos a la vez.

PADRE.— Mira, esto es un negocio, y los negocios hay que atenderlos las veinticuatro horas del día. Además, el flamenco es flamenco de to la vida. Na de mezclas. To lo demás es *ojana* del puerto. Cuando los extranjeros vienen a ver flamenco, quieren ver nuestro arte, auténtico, no mezclas peregrinas que no sirven más que para enrear.

BAILAORA.— Papá, pero esa obra, *Medea*, me da una oportunidad para crecer como bailaora, para interpretar un personaje...

PADRE.— ¡Calla! ¿Tú sabes cómo se va a reír la gente? ¿Pero qué tiene que ver la Medea esa con el flamenco? ¿No dices que es una obra griega? ¿Los griegos no bailan el sirtaki? *(Con tono ridiculizador y haciendo el gesto con los brazos.)*

ABUELA.— Se acabó, niña *(le hace un gesto para que se tranquilice.)* Hijo, ¿no has visto algunas obras preciosas en las que se mezclaban otras músicas con el flamenco? Y compañías con unos vestíos sin volantes, ni lunares, pero bailando que quitaban el sentío. Anda, no le hables así a la niña. Deja que vaya a los ensayos. Si ella se compromete a bailar aquí también... y cuando esté de gira, la sustituye su hermana que también baila que quita las tapaeras del sentío. Y tú, hijo, no seas tan terco. Además, ese personaje ya se ha hecho en flamenco. Lo hizo Manuela Vargas, aunque la obra de tu hija, según explicó la directora, es diferente, porque Medea no es una asesina, no mata a nadie...

PADRE.— ¿Cómo? ¡A ver, madre! ¿Por qué sabe usted lo que ha dicho la directora? ¿Qué está pasando aquí? *(Las mira con recelo.)*

BAILAORA.— *(Mirando a la abuela desconcertada.)* ¡Abuela!

PADRE.— Aquí pasa algo raro. ¿Por qué sabe tu abuela quién es Medea? *(Se dirige a la hija con tono autoritario.)*

ABUELA.— No le digas na a la niña. La criatura no tiene la culpa. Ella quiere aprender, progresar, tiene estudios, ha viajado y conoce otras cosas.

PADRE.— ¿Otras cosas? Aquí lo que hay que hacer es arrimar el hombro y centrarnos en sacar esto adelante. La crisis nos está dejando secos, y si no unimos fuerzas y sacamos el *jurdó* pa vivir, mal asunto. Pero usted no ha respondido a mi pregunta, ¿qué pinta usted en todo esto? Aparte de mimar a su nieta como siempre y taparla en todo lo que puede.

ABUELA.— Mira, niño, soy tu mare y lo que ya pinto son canas, un respeto. Y además lo que pinto es que la directora esa se ha fijao también en mí. Y me ha dao un papel. ¡Ya está dicho!

PADRE.— (*Subiendo el tono.*) ¡Qué! Bueno, lo que me faltaba por oír. ¡Pa ver cosas estar vivo! Pero qué hace usted, a su edad, metiéndose en esos embolaos...

ABUELA.— ¡Acabáramos! Ya ves, tu madre vale lo mismo pa un roto que pa un descosío. (*Calmándose.*) Hago de una vieja, una nodriza, la vieja que ha cuidao a Medea desde chica. Vamos, que soy como su madre y la quiero hasta el punto de huir muy lejos de su tierra con ella.

PADRE.— (*Indignado.*) Pero si usted habla como si se lo creyera.

ABUELA.— Pues claro que me lo creo. Si la directora es más lista que los ratones coloraos. Tendrías que oírla hablar. Lo explica to con un piquito de oro que da gloria oírla. Es culta, simpática...

PADRE.— (*Interrumpiéndola con energía.*) Y una lianta. Pero, madre, usted a su edad... (*Confuso.*) ¿No le da vergüenza?

ABUELA.— ¡Qué vergüenza, ni vergüenza! ¿No bailo aquí en tu tablao, y me he dejao los tobillos levantando esto? Pos ya está. Ahora yo también voy a ser artista en una obra de teatro. Desde que veía a las niñas en la escuela hacer teatro me muero de ganas, pero yo nunca pude hacerlo porque me sacaron de la escuela con nueve años.

PADRE.— Y ¿usted también se va a ir de gira? Pero entonces... *(Con desesperación.)*

ABUELA.— Entonces na. María me sustituye y no hay más que hablar. To la vida he hecho lo que quería tu padre, luego lo que queríais vosotros y eso se acabó. Voy a hacer lo que me dé la gana. Además, a mí siempre me ha gustao aprender y si vieras cómo trabaja esa gente... Tienen un cuerpo de baile magnífico y nos lo explican to requetebién... *(Pensativa e ilusionada.)* Lo de Medea y Jasón, vamos que es como ir a la escuela. Otra oportunidad a mis años. La curiosidad no se pierde con la edad, hijo. A mí me ha aumentao.

PADRE.— Sí, la curiosidad mató al gato.

ABUELA.— Mira hijo, no te enfades, siéntate. ¡Niña, tráele a tu pare una copita de fino, que vamos a hablar!

PADRE.— Madre, yo no tengo que hablar na de na de na. A mis espaldas ya lo habéis hablao to ustedes. Y yo aquí ni pincho ni corto.

(Sale la BAILAORA con una copa y la pone sobra la mesa. Con cierto recelo mira a su abuela y a su padre que está cabizbajo. La BAILAORA comienza a calentar sobre el tablao y se marca un taconeo que llena de interrogantes la escena. El PADRE y la ABUELA conversan.)

ABUELA.— Criatura, deja el taconeo y ven aquí a hablar con tu padre. Esto hay que solucionarlo de toas, toas. Cuéntale la historia tan triste de esa mujer griega...

BAILAORA.— *(Sigue bailando, ahora con gran expresividad, pasos que luego veremos en el «Cuadro II». Se suelta la cabellera que enredará en sus manos, dos palomas que nos llevan a otro tiempo, pero sin dejar de poner atención en lo que le dicen y respondiendo con entusiasmo.)* No era griega, abuela, ella era de la Cólquide, una tierra más lejana que Grecia, allá por el extremo oriental del Mar Negro.

ABUELA.— Mira, ves, to lo que se aprende.

PADRE.— ¡Vamos, está la cosa como pa ponerme yo a aprender geografía!

ABUELA.— *(Con ilusión.)* Nunca es tarde. Escucha *(poniéndole la mano sobre el hombro con gesto maternal y sentándose junto a él.)* Nos dijeron que, desde hace mucho tiempo, Medea representaba a una mala mujer, porque era una hechicera que había matao a la mujer con la que Jasón, su amante, quería casarse para reinar en Corinto. Entonces ella, como era una bruja, teje un vestío y una corona para la boda de Jasón y Glauce, y utiliza a sus propios hijos, porque ella ya tenía dos hijos con Jasón, para que le lleven a la futura novia este regalo. Cuando Glauce se pone el vestido y la corona creyendo que por fin Medea acepta su boda con Jasón, resulta ser un regalo envenenado, que arde al contacto con la piel de la joven princesa, por la que nadie puede hacer nada, ni siquiera su padre quien, intentando salvarla, muere quemado junto a ella. El horror ante el crimen deja consternados a cuantos lo presencian y Medea debe huir.

PADRE.— ¡Vaya, una majara!

ABUELA.— Y si vieras cómo lee, interpretando, la directora que nos estuvo explicando todo el sentido de la obra y de los personajes. Recitaba cachitos de la obra de un escritor... *(Pensando.)* ¿Cómo se llamaba, Eru...?

BAILAORA.— (*Acercándose y recogiéndose el pelo con gracia.*) Eurípides, un griego, escritor de tragedias y, además, hay una *Medea* de Séneca.

PADRE.— Mira cuánta cultura. Lo que tiene uno que aguantar. Vaya culebrón y luego dicen...

BAILAORA.— No, si aquí no acaba la cosa. También nos explicaron que hay otros relatos en torno a Medea todavía más terroríficos. En los que ella, loca de celos porque Jasón la abandona para casarse con Glauce, mata a sus hijos, arrojándolos desde el tejado.

ABUELA.— ¡Ay, hija! Pero lo que pone los bellos de punta es lo otro que dijeron (*mira a su hijo, creando expectación con un guiño muy teatral.*)

PADRE.— ¡Madre! ¿Qué?

ABUELA.— ¿Sigo? (*Con ironía.*) Pues otra versión de la historia dice que ella misma, con sus manos, había matado a sus hijos y los había cocinado con to la sangre fría del mundo y se los había servido a Jasón en una cena; una última cena con la que sellaban un pacto por el que ella aceptaba de buen grado que Jasón se casara con la otra. ¡Qué *canguelo*!

PADRE.— (*Más interesado por el tema.*) Eso me recuerda... (*Pensativo.*) Madre, ¿no contaba usted un romance en el que otra loca hacía algo así?

ABUELA.— Sí, a mí me lo contaba la tía Juliana, que era una mujer que nos dejaba embelesaos con sus cuentos y sus cantes. ¡Ay, qué lástima! ¡Qué buena era!

BAILAORA.— Pero, papá, lo más interesante es que hoy día hay escritoras que han hecho otras versiones del mito de Medea...

PADRE.— (*Con asombro.*) Pero, ¿se pueden hacer otras versiones así porque sí?

BAILAORA.— ¡Anda, pues claro! Las escritoras están renovando los mitos; esos mitos en los que siempre las mujeres somos las malas de la película o las tontas o las causantes de todos los males...

PADRE.— (*Muy serio.*) Es que lo sois, y no pongas esa cara.

BAILAORA.— Papá, eso no es verdad. Eso son mentiras que el patriarcado nos ha echao siempre encima a las mujeres.

PADRE.— ¿Patriarcao? ¿Qué tien que ver aquí los patriarcas con to esto? No dejáis títere con cabeza (*mira a su hija con severidad.*) Tanto estudio a ti te está sorbiendo el cerebro; tanto libro y pa qué, si ya no respetas ni lo más sagrao...

BAILAORA.— Papá, patriarcado, pa que tú lo entiendas, es machismo...

PADRE.— ¿Ya estamos con el temita de marras! To la vida de Dios se ha respetao a los patriarcas, a los mayores, a la gente de bien...

BAILAORA.— (*Con tono pedagógico.*) Patriarcado es, pa entendernos, sinónimo de un mundo en el que las leyes están pensadas y hechas por hombres y para beneficio solo de los hombres. ¡Vamos! Lo que ha venido siendo el mundo, hasta que las mujeres nos hemos espabilao un poquito.

ABUELA.— Muy bien dicho, niña. ¡Qué bien que *chanelas*! ¡Da gloria oírte! Tú con to lo que sabes y to lo que vas a seguir aprendiendo, vas a ser mejor que la directora de la *Medea*. ¡Qué alegría me da que alguien de mi familia sea tan lista!

PADRE.— Ya os ha dao el furor feminista. Digo yo que en los institutos y en la universidad os deberían enseñar lo que es de ley.

ABUELA.— Pero las leyes, hijo mío, las hacen los hombres. Y los hombres siempre habéis barrío pa vuestra casa...

BAILAORA.— Abuela, reconoce que el ejemplo no es muy apropiao. Estos hombres nuestros, barrer lo que se dice barrer, no barren...

(*Todos ríen, el ambiente se relaja.*)

PADRE.— Solo me faltaba a mí eso, convertirme en el hazmerreír del tablao. No tengo bastante con que el personal femenino se me desmadre, conspire a mis espaldas...

BAILAORA.— ¡Oh, no te pongas tan trágico!

PADRE.— Hablando de tragedias... Al final, ¿qué obra vais a hacer? ¿La del griego?

BAILAORA.— ¡Qué va! Es una obra nueva, pero que sigue la línea de reescritura que te he explicao. Ya te he dicho que en el siglo XX hubo muchas escritoras que hicieron sus versiones sobre el mito. Hay una alemana, Christa Wolf, que escribió una novela, *Medea: Voces*, y en ella cuenta que Medea era una mujer sabia, hija de Eetes, rey de la Cólquide y de la ninfa Idía, sacerdotisa de Hécate y sobrina de Circe, quien la iniciaría en la magia. Pero procedente de una cultura en la que la mujer no era considerada como un ser inferior, sino como una igual. Era una cultura que valoraba y escuchaba a las mujeres. Por eso mismo, Medea chocará frontalmente con los valores de la sociedad helénica patriarcal. Y allí ella será relegada y reducida a una sombra. Pero su valentía le hará descubrir un terrible secreto. Los ancianos del consejo no perdonarán su actitud y trazarán un plan para destruirla.

PADRE.— ¡Vaya, otra vez los hombres somos los malos! ¡Venga, dejaos de cháchara y a trabajar! ¡Que esta tarde me tenéis harto de cargar con tanta culpa sobre mis costillas! ¡Venga, al lío!

(Oscuridad total.)

CUADRO II

ESCENA I

(Música de guitarras y palmas que tocan por seguiriyas. La BAILAORA danza con alegría. Juega con su vestido hecho de pétalos que caen diseminados y que hacen un sendero por donde transitan sus sentimientos cómodamente. Tras el baile, prepara un altar a Hécate y el zumo de granada tiñe la escena. Otras BAILAORAS llevan guirnaldas y lámparas encendidas y van cercando el espacio en donde MEDEA hará su ritual. Un tocado de estrellas corona su frente.)

MEDEA.— ¡Oh, Hécate, tú que tienes más poder sobre la tierra, el mar y el cielo que ningún otro dios o diosa! Ayúdame, como ayudaste a Deméter. Diosa de la encrucijada, sácame de este trance. Potencia mi intuición y encauza las aguas de mi inconsciente, nublado por la pena.

(Van danzando en corro y con su taconeo marcan el texto en un acompasado diálogo de soleá por bulerías.)

CORO.— ¡Oh, Hécate, tú que tienes más poder sobre la tierra, el mar y el cielo que ningún otro dios o diosa! Ayúdala, como ayudaste a Deméter. Diosa de la encrucijada, sácala de este trance. Potencia su intuición y encauza las aguas de su inconsciente.

(La luminosidad de la primera escena se va tornando oscuridad. HÉCATE triunfa y extiende su negro manto salpicado de estrellas. Las sacerdotisas lo elevan como un palio estrellado sobre la diosa y MEDEA, que bailan unidas en una fortalecedora danza. Pero la DIOSA se aparta de MEDEA y con voz resonante le dirige unas palabras.)

HÉCATE.— Medea de corazón arrebatado, serena tu espíritu impaciente, no tengas prisa. El amor por Jasón te tiene perdida en las tinieblas, te aparta de tu ser más íntimo y solamente caminas por las inseguras aguas del sueño. Pero este sueño no alimentará tu espíritu. Despierta de este letargo. Busca, busca la luz que hay en ti...

(HÉCATE le sigue susurrando al oído y MEDEA se aparta de ella con un taconeo enfurecido de soleá por bulerías. No quiere escuchar. Las SACERDOTISAS bailan y le cantan a manera de coro griego.)

CORO.— Ella se derramará en su cama. El cáliz de su vientre velará solo por el encuentro. Maremotos de amor agrandarán su pecho *(giran trenzando una estrecha red, alrededor de MEDEA.)* y quedará prisionera de amor, repleta de caricias engañosas...

¡Oh, Medea, mariposa herida! Tu fuerza se desdibuja... *(Las SACERDOTISAS van desapareciendo de la escena. El taconeo se duerme.)*

ESCENA II

(MEDEA danza entre olas. La brisa marina juega con su cabellera. El mar está embravecido. El cuerpo de baile pone trazos de espuma en el azul oleaje en el que MEDEA, bailando, se abre a una nueva vida. Abraza a JASÓN y la danza da cuenta de su poderoso amor de lazos irrompibles, salpicado de rumor de olas. JASÓN, tras besarla, se ocupa de las velas. De nuevo sola en escena, MEDEA, como un mascarón en la proa, queda quieta y otea un horizonte inevitable e incierto.)

VOZ.— *(Una voz masculina grita con fuerza.)* ¡Tierra! ¡Tierra, compañeros! ¡Tierra!

ESCENA III

(MEDEA danza muerta de amor y cae rendida. JASÓN la visita y la madrugada corona el encuentro amoroso, pero el casco del guerrero y el escudo se interponen entre los amantes. Su sombra emblemática los oculta.)

MEDEA.— *(Voz desconsolada.)* Jasón, detente, no puedo escuchar lo que dices. ¿Me pides que el recuerdo sirva para paliar mi sed de amor? ¿Acaso piensas que acordarse del agua en la sequía hará que florezca la tierra? ¿Que el musgo y el culandrillo coronen los brocales de los pozos secos y envenenados? El recuerdo no es más que un camino transitable en la vejez, solo es consuelo del corazón fatigado por los años y la ausencia.

¡No quiero ser un árbol solitario en un bosque escondido! ¡Quiero que la vida anide en mis ramas! (*Intentando detenerlo.*) ¡Quiero que mi frondoso vientre multiplique las aguas de la vida, que esperan tu semilla! Yo soy joven, Jasón, (*suplicante.*) estoy viva y quiero calmar mi sed solamente contigo, pero no encerrada en una alcoba secreta. Porque mi amor es sincero, nada tengo que ocultar. Mi deseo es una torrentera que ya no puede ser desviada y va hacia ti inevitablemente. Y... ¿ahora me rechazas? ¿Qué alimaña ha emponzoñado tu mente y tu corazón?

(*Intenta detenerlo con un beso. JASÓN, silente, la rechaza. MEDEA lo retiene sujetándole la mano, que finalmente escurridiza huye.*)

MEDEA.— (*Tomando consciencia de su soledad.*) ¿Cómo has esperado a que llegue el alba para sumirme en la oscuridad más tenaz? Ahora me dices que vas a abandonarme, ¿qué razones de estado te requieren? ¿Puede el estado con sus leyes pisotear el sentimiento más puro y acallar las palabras más amables?

ESCENA IV

(*Se oyen rumores tras la puerta y golpes violentos.*)

NODRIZA.— ¡Callad, brutos! Vosotros, que desconocéis los más tenues secretos de la Madre Naturaleza, que jamás observáis el rocío en la flor o el retoño en la rama. Vosotros, que sois dirigidos por dioses mortíferos que han hecho de la espada su mejor obra y de la esclavitud y la guerra todo un arte, el arte de la muerte.

No es sangre el rojo de sus manos, es el zumo de la dulce granada, que ella misma ha exprimido, en honor a Hécate, su diosa, a quien abandonó por las necias promesas de un burdo extranjero.

Por su súbito amor, apenas un suspiro... ¡Qué poco te ha durado tanta dicha, niña mía! ¡Cuán grande ha sido el riesgo que has corrido! Lo has dejado todo por ese Jasón que no ha dudado un momento en olvidar sus promesas amantes. (*Ella también golpea la puerta como si quisiera aplacar el rumor callejero y amenazante.*) Medea, hija, ven sobre mi regazo, calmaré tu dolor. A esta vieja todavía le quedan fuerzas para defender a su niñita.

MEDEA.— (*MEDEA, como una niña perdida entre la multitud, se dirige a la nodriza y se acomoda, apoyando la cabeza en su regazo. La anciana le acaricia la larga cabellera.*) ¡Nodriza! ¿Cuánto tiempo ha pasado?

¿Qué ha sido de mis hijos, a los que amamanté con mis senos nutricios, a los que eduqué con las leyes proclives al amor y al respeto al extranjero? ¿Y qué ha sido de mí? ¿Dónde me encuentro, por qué hay tan poca luz? Es por Jasón, ¿verdad? Me ha repudiado, ha negado a sus hijos, y no piensa en el daño porque su avaricia lo ciega.

Nodriza, (*llora amargamente.*), yo lo amé, lo amé tanto que he perdido el camino para volver hacia mí misma, y desde entonces ando en este laberinto de ramas secas y rocas incandescentes.

¿Cómo pudo Afrodita abandonarme así y bendecir estas nupcias engañosas? ¡Oh, extranjero infiel! (*Mira*

y habla como si JASÓN estuviera frente a ella.) Ella
animó en mi ser un deseo voraz por beber en tus
labios la luz de tu sonrisa. Tus manos en mi cuerpo
despertaron mis venas como ríos salvajes y así, bajo
su augurio, yo me precipité y abandoné a mi padre;
e implacable, impedí que sus justas leyes cayeran
sobre ti.

¡Oh, mudable extranjero!

Toda mi ciencia no pudo prevenirme de tu amor engañoso, cegada como estaba por el rumor oculto bajo tu
piel de seda y tu aroma de viento y lejano oleaje.

(*Cansadas callan. La NODRIZA parece dormida y MEDEA
se levanta, acaricia la mejilla de la anciana, pero el dolor la
quiebra en dos.*)

MEDEA.— Me castigas, Jasón, porque has antepuesto el
poder al amor. Yo que creí ser la granada madura
de tu amor, roja de pasión, preñada de dulces actos.
¡Qué falta de tacto! No sé cómo no me desangro en
el dolor de tu ausencia, que se gestaba antes de llegar
a esta tierra inhóspita, hecha únicamente para saciar
la avaricia de los hombres.

Yo quise compartir mi sabiduría como una igual.
Pensé que podría cambiar tu mundo, suavizar las
espadas afiladas de la injusticia, pero no es posible.
Esta tierra que pisotea las flores que no conoce y deja
morir de sed el ansia de sus mujeres, que no pueden
ni disfrutar del aire fresco que aventa los razonamien-
tos en el ágora.

¡Qué tierra tan inhóspita! Cuando me hablabas de su
grandeza, de su potencial, de sus virtudes... mi oído

enamorado te creyó. Amor me cegó, jamás pensé que hombres y mujeres pudieran vivir separados por un muro de incomprensión y desprecio. ¡Qué diferente a los encuentros amistosos en la Cólquide, mi lejana y ultrajada tierra!

Ahora mi sexo hecho de pétalos, acariciado y respetado, como un cáliz sagrado de vida en mi tierra, se llena de desprecio, y no soy más que una ramera para los que me miran.

Y tú te avergüenzas si hablo en público o me atrevo a refutar a tus contertulios, pues mis conocimientos deben quedar ocultos o pueden ser tachados de hechicería. Mi saber milenario se trueca en gran peligro. Vuestro orgullo de hombres no puede permitir que se siembre en vuestra tierra una semilla nueva, alzados como estáis sobre tanta injusticia.

No has querido mirar hacia la otra orilla, ni cuestionar tus injustas leyes. Te da miedo saber cómo otros pueblos han crecido sin invadir o esclavizar a sus semejantes.

Pero tu pueblo, oh Jasón, desprecia al extranjero y teme al diferente. Bárbaros los llamáis.

Tú te has negado a escuchar mis palabras de mujer libre y sabia. No has comprendido aún que la esclavitud también hace infeliz al que esclaviza.

Y sobre todo, Jasón, has roto tu promesa, la promesa que solamente bendice el amor verdadero, la que elige el corazón sin dar cuentas a nada ni a nadie.

NODRIZA.— (*Intentando calmarla*) Tranquilízate, hija, Jasón no está aquí. Da descanso a tu mente y a tu ajado corazón... (*MEDEA desatiende su ruego y se aparta de ella como una sonámbula.*)

MEDEA.— (*Hablándole a JASON más tranquila y sin escuchar a la NODRIZA.*)... Y me das pena, oh amado, porque eres presa de la ambición, y eres un hombre más, creciéndote en la guerra y haciendo de esta el centro de tu vida y de tu economía.

Infeliz de mí que creí que al arrebatarle a mi pueblo el vellocino de oro y entregárselo al tuyo, aceptaríais nuestras leyes. No os cebaríais en el débil y, sobre todo, haríais de la mujer vuestra igual, una compañera en este hermoso viaje que es la vida. Mas me cegó el amor... Mentiste cuando dijiste conocer el amor.

El verdadero amor, Jasón, no conoce murallas. El verdadero amor no conquista ni hiere. Tú has preferido, como todos los tuyos, tener a una mujer que para ti es un mero escalón para llegar al poder que tanto deseas. ¡Qué digo una mujer! Mujer ya la tenías, era yo. Di mejor una esclava que pronto golpeará los barrotes de su celda, la casa de oro en donde su padre y tú pretendéis encerrarla para siempre.

No creas que la envidio. Pena me da, pues sin verdadero amor, cualquier unión resulta impura ante la diosa. Pero se me olvidaba: tus dioses planifican intrigas y traicionan lo mismo que vosotros. (*Se queda adormecida por su dolor.*)

(*La NODRIZA la observa estremecida de frío y se abriga con un manto. También cubre a MEDEA con sutil delicadeza. MEDEA se despierta, se alza cansada, arrolla el manto y, cayendo de rodillas se lo acerca al vientre. Entra en trance amoroso. Como si lo hubiera invocado, JASÓN sale a escena y ella lo acaricia dibujando en el espacio su cuerpo con sus sabias manos y se envuelven en el manto. Bailan juntos en*

una danza amorosa que hace olvidar sus diferencias. MEDEA
intenta retenerlo una vez más, pero Jasón la despide con un
beso breve y sale de escena con paso marcial.
MEDEA vuelve a la realidad. Está de nuevo sola. Alarga las
manos para impedir que se marche, pero solo encuentra el
vacío, la sombra.)

MEDEA.— *(Va subiendo el tono enredada en la pasión.)*
¿Cómo pudiste, oh Jasón, lacerar mi corazón con el
acíbar triste del olvido y pactar un matrimonio, man-
cillando nuestro amor con la vileza tosca de la razón
de estado, y elegir, sin dudarlo un instante, a la hija
de Creonte?

Todavía no puedo silabear su nombre. Su recuerdo
convierte mi ajado corazón en una gusanera.

Calumnian los que dicen que he intentado matarla,
nunca mi arte y mi sabiduría estuvieron al servicio de
la muerte. Tienes que creerme, Jasón. Vida es lo que
yo te ofrezco en honor a la diosa, ciudades sin murallas, un arte que valora la vida y tiene en la naturaleza su
mejor aliada. Ni escudos, ni cascos encontraréis en él:
azadones que trabajan la tierra y cuencos para guar-
dar sus frutos. Y el amor compartido, sellado con la
fuerza de la confianza mutua.

*(MEDEA cae al suelo boca abajo como si quisiera que la tie-
rra la tragase y llora amargamente.)*

ESCENA V

(Las SACERDOTISAS salen a escena bailando en semicírculo. Siempre hacia un lado y hacia otro con la monotonía de un eco lejano.)

CORO.— Medea, tu desgracia crece, los patriarcas de la polis han tramado contra ti el peor de los castigos. ¡Oh, Medea! Medea, dejarás esta tierra y serás condenada al vergonzoso exilio, caminarás descalza, y tan solo el amparo de los bosques sagrados ocultará tu desdicha de mujer despreciada.

¡Oh Medea, Medea! El abandono va estrechando su cerco sobre ti, quiere ahogar tu alegría. ¡Protégete de él! No dejes que la desesperanza anide en tu pecho. Levanta el ánimo, negra Medea. Todo lo que necesitas está dentro de ti. Tu regazo se ilumina con los luceros más fulgentes, tu potencial, tu fuente de vida, el pozo de tu gran sabiduría guiará tus pasos.

(El taconeo de las SACERDOTISAS es el contrapunto de las voces que repiten su nombre, como una letanía, que llena el espacio. Salen de escena con un estruendo atronador.
Silencio y densa oscuridad. Una luz roja se abre paso para iluminar a MEDEA, que va tomando conciencia de su cuerpo y, como si reconstruyera sus pedazos, alza la voz, llamando a la NODRIZA.)

MEDEA.— ¡Nodriza! Nodriza, prepara todos los enseres para el viaje. Pon agua y unas frutas en aquel canastillo que trajimos de Cólquide. Tráeme a mis hijos *(duda. Se arregla la túnica.)*

¡No! Espera. Antes debo lavar mi rostro. Los surcos del dolor deben ser borrados, la frescura del agua servirá. Y el pelo (*se suelta el pelo y se lo recompone de nuevo*), también debo peinarlo, estaré desgreñada. Debo asear mi cuerpo y cuidarlo.

A partir de ahora mis hijos solo tienen a su madre. (*Se mueve con determinación y su voz va cobrando fuerza.*)

Buscaremos refugio en tierras remotas y quizás mi padre me deje regresar. Yo seré fugitiva pero tal vez mis hijos, sus nietos, encuentren el amparo que ahora precisan. Ellos son almas inocentes, no deben pagar la culpa de quienes les dieron la vida.

Pero, ¿qué sucede? ¿Por qué no vienes?

NODRIZA.— (*Entra cabizbaja, moviendo la cabeza, triste. Mira a los ojos a MEDEA y le coge la cara entre sus manos.*) Medea, sabes que te he criado como una hija, te he acompañado en tu largo viaje, aunque más que viaje ha sido una huida. Y lo he hecho sin dudar, porque te quiero más que a nada en el mundo. Pero me temo que mi cariño, aunque fuera más grande que el mar, no bastará para curar tu desdicha. Hija mía, no hace falta parir a un ser para amarlo como a un hijo o a una hija. Baste decir que daría mi vida sin dudarlo para hacer una ranura por donde saliera la ponzoña que te causará la noticia triste que tengo que darte.

(*Las SACERDOTISAS cercan a MEDEA. La sostienen con cariño, intentando suavizar su dolor. MEDEA parece desvanecerse y la sujetan. Colocan sus brazos por encima de los hombros de modo que queda engarzada como un eslabón del semicírculo que han formado y se mueven, llevándola casi en volandas.*)

CORO.— ¡Oh, Medea! ¿Acaso no sabes con qué lazos de angustia ceñirán tu corazón hasta reducirlo a humo? Medea, la de la Cólquide, cuántas veces te arrepentirás de haber tomado la senda equivocada. No podrás encontrar el consuelo en los frutos de tu vientre.

(MEDEA se suelta e inquiere a las SACERDOTISAS que se tornan mudas. Taconea buscando respuestas que no encuentra. Las SACERDOTISAS salen de escena.)

MEDEA.— *(Con voz angustiada.)* Nodriza, habla. Habla con la franqueza de una madre, puesto que eso has sido para mí todo este tiempo. Habla con la determinación de una guía, la mujer sabia que me ha allanado el camino. ¡Por la Diosa, te ruego! Di lo que te han contado.

NODRIZA.— Dulce Medea, *(la atrae hacia sí y besa su cabeza, pues MEDEA se ha postrado ante la anciana.)* No ha cesado la cólera de este pueblo enfermizo, encumbrado con la sangre de sus enemigos, orgulloso del arte de la guerra y de lacerar el mar con sus remos codiciosos.

Vas a sufrir un destino más cruel que la vergüenza del rechazo amoroso, más que la insidia del exilio...

MEDEA.— *(Se levanta con violencia y corta con sus suspiros la retahíla de la NODRIZA.)* ¡Oh! ¡Por mis hijos, te imploro! Di lo que tengas que decir y no gastes más saliva ni retórica, como si fueras una vulgar plañidera.

NODRIZA.— El consejo ha trazado la peor de las venganzas y con viril saña te castigan. Van a clavar sus lanzas en el centro de tu amor para exterminarlo. *(MEDEA se vuelve con rabia y con un gesto exaltado la obliga a hablar*.). Medea, van a destruir lo que más quieres, los lazos profundos que unen tus hijos a tu vientre serán cortados de raíz.

Su odio es una inmensa sima. Quieren que seas para siempre una tierra en barbecho.

Los frutos de tu vientre te serán arrebatados, Medea. Van a vengarse en tus hijos.

MEDEA.— ¡Por Hécate! Has perdido el juicio. No cabe tanta maldad ni en el corazón de estos hombres irreverentes y déspotas con las mujeres. No te creo. ¿Qué tramas? ¿Acaso crees que mi locura amorosa me llevará a hacer daño a Jasón o a la blanca Glauce?

Soy una mujer enamorada pero estoy cuerda. Y sé que no se puede obligar a amar, ni es sano un amor que se lleva a escondidas.

No voy a hacerles daño. Ya he sido condenada al caer un huracán sobre la poca alegría que anida en mi pecho. Acepto mi condena: el desprecio de Jasón valga por mis errores. ¿No te parece justo pago?

Ahora solo quedo yo, Medea, retenida en un cuerpo al que se le ha arrebatado el amor, pero este cuerpo ¡aquí está! ¡Míralo! (*levanta la cara de la NODRIZA, que rota por el dolor baja los ojos*). Este cuerpo todavía puede moverse, puede andar y salir de esta funesta tierra y llevarse a mis hijos conmigo.

NODRIZA.— Sí, niña mía, solo queda Medea, bien has dicho. No son invenciones ni locuras mis doloridas palabras. La decisión del consejo es tajante. Creonte va a inflingirte el máximo castigo para doblegar tu orgullo de mujer poderosa.

Y yo sé, vida mía, que lo que voy a anunciarte es peor para ti que la muerte.

Se nublará tu sonrisa, jamás querrás abrir la boca para alimentar tu cuerpo, ni respirar para alentar tu espíritu. La ponzoña del ultraje y el vacío de tu vientre serán más amargos que la hiel en tu boca. Una sima de odio jalonará tu vientre, donde una vez hubo cataclismos de amor, rumor de olas, que anunciaban las aguas de la vida.

Ahora, escucha...

MEDEA.— (*Se lanza sobre ella con autoridad.*) ¡Calla, necia! No conozco tanta pesadumbre. Hay hierbas que ayudarán a templar tu ánimo dislocado. No puede el corazón del hombre más malvado infringir el dolor que describes. Pero habla de una vez.

NODRIZA.— Hija, no hay hierbas en toda la tierra que ayuden a aplacar el dolor que vas a sentir cuando te diga lo que irremediablemente tengo que decirte.

MEDEA.— No me hagas volver a implorar a la Diosa... (*Con voz más sumisa.*) Y cuéntame qué nuevas han traído de palacio.

NODRIZA.— (*Habla enajenada.*) ¡Oh Hécate! Han herido el corazón de la granada, cuyo zumo se utilizaba en tus ritos. Ahora, la vida, simbolizada en su rojo zumo, ha sido pisoteada y convertida en sangre vil de sacrificio.

MEDEA.— Nodriza, me asustas, hablas como una loca.

NODRIZA.— Locura es poca cosa, niña mía, porque estos hombres que no han aceptado ni tu sabiduría, ni la pureza y nobleza de corazón con la que te has conducido, han retorcido el pensamiento y han utilizado tus gestos y actos, envenenándolos... (*Fatigada por la pena, se lleva las manos al vientre, como si una punzada la abatiera. MEDEA va en su ayuda y la sostiene.*)

Así los restos rojos de tus manos y las manchas en tu túnica, que la gente ha visto, cuando volvías de los rituales de Hécate, ya no son para ellos los restos del acidulado fruto...

MEDEA.— ¡Vamos, nodriza! También puede ser amarga la granada, pero no nos vamos a poner a hablar de sabores. Por favor, dime, llevas todo el día rumiando la desgracia, di lo que sea que tengas que decir...

NODRIZA.— ... Sino las pruebas contundentes del asesinato que quieren atribuirte. Amargas serán mis palabras. Ellos no te han dejado seguir tu camino. Tú que siempre has sido vida, ahora vas a tener que caminar a través de la muerte. (*La acaricia, queriendo llenar su vacío.*)

Escucha, Medea, lo que te voy a decir. No hay plan malvado que supere a este. No les sirvieron las mentiras que como aguas sucias han vertido sobre el río de tu límpido pensamiento, sembrando la calumnia de que pretendías matar a Glauce, tejiéndole un vestido emponzoñado por tu magia con un veneno para causarle una muerte terrible.

MEDEA.— Pero yo amo la vida y jamás haría mal a Glauce, antes bien siento pena, porque no es más que un juguete en las manos de su padre que la trata como un objeto. Porque en esta tierra la mujer no es una persona sino una moneda de cambio (*va subiendo el tono, amparada en la razón*). Por eso no me importa. No me importa lo que digan con sus pérfidas lenguas (*se levanta embravecida, como una leona enjaulada.*)

NODRIZA.— Medea, detente (*con voz piadosa.*) Oh, Diosa, dame fuerzas para decir estas palabras...

MEDEA.— Nodriza, qué sucede, por qué das tantos rodeos.

NODRIZA.— Medea, (*la sujeta cariñosamente por las manos, mirándola fijamente a los ojos. Su barbilla se mueve trémula de dolor y llanto.*) pequeña mía, han matado a tus hijos, a nuestros pequeñuelos. Las intrigas del pasado han asesinado la esperanza del presente (*se ahoga en sus propios sollozos*). Los han matado y han trazado un plan malévolo. Han dejado correr la calumnia de que tú misma les diste muerte para vengarte del voluble amor de Jasón y de la desmedida avaricia del rey.

(*MEDEA cae desarmada ante las palabras de la NODRIZA. Arrodillada pone sus dos manos tapándose la boca, en un intento inútil de retener el tiempo, de entender todo lo que le está pasando.*)

CORO.— Que la piadosa noche tienda su negro manto sobre los cuerpos de tus hijos y sobre tu vientre herido para siempre.

Que la Diosa teja sobre los cuerpos inertes de tus criaturas un caliginoso manto de encendido amor y frías aguas, rojo y negro, para que empieces a vivir sin su tacto, sin el cálido consuelo de sus sonrisas.

Que piadosa la Diosa los cubra y deje así constancia de tu gran amor y su pronta partida, para que el duelo los aleje de ti con amorosos ritmos. Que la Diosa te dé la inteligencia para entender el frágil paso de la vida a la muerte.

(*Las SACERDOTISAS giran alrededor de MEDEA y la envuelven en una danza. El taconeo marca un ronco grito desgarrador, pero va acallando el dolorido sentir del duelo.*)

NODRIZA.— Medea, huyamos de esta tierra donde la muerte usurpa tan fácilmente los derechos de la vida.

(*MEDEA se arrastra por el suelo, aplastada por la fortaleza y la crueldad de las palabras y grita desconsolada.*)

MEDEA.— ¡Oh, nodriza, que más pueden hacerme! Déjame con mi pena, ahora que todo es desolación, mi vida es un erial. Mi vida, en otro tiempo fértil, ahora no es más que la triste humareda del bosque tras el incendio. En cenizas querían convertirme y ya, quizás, lo han conseguido.

(*De pie sobre el centro del escenario.*) Quiero apagar el sol, que los cauces de los ríos se replieguen hacia mi propio llanto.

Quiero triturar con mis dedos los pétalos más frescos, pisotear los frutos, que todo sea una roca candente como esta oquedad de sepulcro que siento (*se toca el vientre con las dos manos.*), aquí en mi vientre. Cáliz sagrado que una vez dio vida a mis hijos, asesinados por esta turba oscura de siervos de la espada, que no conoce más leyes que las del dominio. Y que piensan que el vientre de una mujer es tan solo un recipiente que alberga la semilla recién plantada por un hombre.

No temo mi soledad, sino la suya.

Me destroza pensar que en el momento en el que han sido llevados hacia la muerte, al buscar una mano amiga, la mirada consoladora de su madre, solo han encontrado el vacío...

(*Se oyen gritos y golpes sobre un portón que la multitud enfurecida intenta traspasar. MEDEA los escucha, se levanta con gran dignidad y no les teme.*)

NODRIZA.— Medea, hija, la calumnia ya da vueltas como torbellino furioso por la ciudad. Las gentes te culpan y vienen a tomar venganza.

Medea, huyamos, eres una amenaza para estos hombres que tienen cautivas a sus mujeres, que esclavizan a pueblos enteros. Temen que tu ejemplo derrumbe sus creencias. Tus acciones de mujer libre resultan una afrenta amenazadora para quienes no sienten como iguales a las mujeres. Tu existencia quema sus corazones. Tu forma de pensar es un fuego que, una vez encendido, hace arder los engañosos valores sobre los que han levantado este muro de odio y opresión.

MEDEA.— Nodriza, (*transida por el dolor.*) ¿cómo puede una mujer sola derrumbar las leyes sobre las que han cimentado sus engaños? (*Dirigiéndose hacia la puerta.*)

NODRIZA.— ¿A dónde vas? (*Sujetándola.*)

MEDEA.— Voy a salir. Nunca les he tenido miedo. Por eso soy el blanco de sus iras. Estos bárbaros no solo matan madres, también tejen el peor de los engaños haciendo creer que una madre en su sano juicio pueda matar a sus hijos, acostumbrados como están a ofrecer en sacrificio a sus hijas para conseguir favores de sus dioses.

NODRIZA.— No lo hagas (*la sujeta.*) Medea, huyamos.

MEDEA.— No temas, Nodriza. Ya no me queda más que la verdad desnuda y debo hablarles. Y después les pediré que me devuelvan los cuerpos de mis hijos quiero prepararlos para el tránsito.

Debo enterrarlos y tomar plena conciencia de que ya solo queda Medea.

CORO.— Oh, Medea, granada pisoteada por viles razones de quienes no valoran la vida como el don más sagrado, vive tus horas de duelo en este tiempo detenido. Pero no olvides tu poder... Mira tu interior, porque solo ahí reside.

MEDEA.— No olvides que yo soy mujer libre y aunque me asesinen, como han hecho con mis hijos, las ideas son fecundas y no se pueden eliminar. Las mujeres y los hombres de Corinto sabrán que por sus calles anduvo una mujer que no hizo del abuso su forma de vida, que respetaba la Tierra y todos sus dones.

Las personas morimos, las ideas no pueden ser eliminadas. Ellos, hombres viles, han querido acallar la sabiduría femenina que llevo como herencia preciosa y que ha sido sembrada en los corazones de tantas mujeres y de los hombres que las aman; los verdaderos cambios, querida nodriza, se han de dar en los corazones. Gracias por acompañarme en mis horas más funestas. Pero no llores y recuerda que tras la frialdad de mi muerte, las fecundas semillas darán su fruto para que siempre, siempre quede Medea.

(MEDEA solemne se dirige para hablar a la multitud enajenada. Un rumor de odio anega las razones de Medea.

Oscuridad total.

La bailaora danza llevando el espíritu de Medea. HÉCATE la acompaña y protege su alma cenicienta por la pena que sobrevuela al compás de un taconeo alado.)

FIN

ELISA CONSTANZA ZAMORA PÉREZ

Medea
or the wounded heart of the pomegranate

Translated into English by Mercedes Porcel Martín

Preface: Milagros Salvador

ingrávida
Teatro

To my father,
Constantino Zamora Sánchez,
whose stories still echo in our hearts.
In memoriam.

PREFACE

A theatre play always represents a double challenge: to face its structure as a literary work and to adapt it to stage, but a surprise is hidden behind its title. In this case, *Medea or the wounded heart of the pomegranate*, succeeds and, at the same time, captures our attention.

Medea is a very categorized figure and is well rooted in our culture standing over the passing of time, as it has been versioned especially during the 20th and 21st centuries. It has attracted the attention of the dramatic culture both in the Iberian Peninsula and in Latin America; from Portugal to Mexico, from Spain to Brazil we find versions and rewritings of it. But it also awoke interest in other arts such as music, with opera versions going from *Medée* by M.A. Charpentier (1693) to *Midea* by O. Stranoy (2000). It has also been adapted to flamenco dancing, as the one by the Spanish National Ballet with choreography by José Granero and music by Manolo Sanlúcar (1984). Recurrent figure in painting, it was categorized by the Pre-Raphaelite painters in that fantasy called *femme fatale*, emphasizing her power as a sorcerer (we see her that way, for example, in the painting by F. Sandys, 1868).

The first aspect I have to highlight is the interesting growing rhythm this play presents. The authoress has assumed the risk of displaying it in the local reality of the world of flamenco, maybe in order to show how a classical topic can lead to a reflection in a contemporary topic, as

the one that comprises the meaning of being a woman, her social and psychological world, which at times has made the different paths she has moved through easier or has prevented them. This Medea is a character that catalyzes anxieties, with an actual current focus.

The play starts in a real everyday scene: father, bailora and grandma, three archetypes with whom the authoress leads the reader or the audience to the action that moves the story. As for the style, the colloquial and close tone of Act I, where the way of speaking in Jerez is reproduced, splashed with expressions and words from caló, makes a contrast with the poetic tone in Act II, where the dialogue is sprayed with metaphors, and flamenco music and dancing are a counterpoint to the voice of the characters so as to create a dense and doubly artistic atmosphere. The authoress stresses the stage directions which also breathe poetry and appeals to the topic of 'theatre within the theatre', style resource taken from Cervantes and Valle-Inclán.

Medea is the base of her own story, a character whose soul has been reflected in the classic theatre, from which she has transcended to reach the 21st century. The grandeur of the character allows different treatments without losing the astonishment of the first discovery.

In Act II we find the heart of the play, with conversations between Medea and Jason which strengthen the base of what the Greek play seeks to make us feel. Medea is not the woman to take a second position: 'Are you asking me that the memory will quench my thirst for love? Do you happen to believe that remembering water in times of draught will make the earth blossom?'

Moreover, this play is a call to the didactic side, showing us how disconformity opens our minds, where otherness

is found. The rewriting of the myth seeks to reveal the importance of freedom in all its space. Medea doesn't want a deceiving or a captive love and feels pity for Glauce: "... because she is nothing but a toy in the hands of her father who treats her like an object because in this land a woman is not a person but a currency". Another possibility is opened as this Medea is not dominated by an uncontrolled desire of revenge, instead she assumes her fate because: "... slander is going around like a furious vortex in the city. People blame you and they are coming to take revenge."

It is important to point out the following paragraph: "It is not blood the red in her hands. It is the juice of the sweet pomegranate, which she herself has squeezed with her hands in honour of Hecate, her goddess...", that goddess of the crossroads in which she herself is placed, as the chorus reminds us of. This is a key moment in the story since we are aware of two main ideas in this precise instant: the most obvious is the direct allusion to the title of the play, but the most important one, as by which the authoress wants to change the story of Medea, is the fact that the innocent acts of Medea, who only seeks for good, are those that condemn her forever, amplified metaphor of the historic injustice women have carried on their backs for thousands of years, and not only from a symbolic point of view.

In Scene IV, she faces the duality of Nature, 'life/death', marked as the mother against death, when she realizes that her children have been murdered; in front of the fact of her loss and of how irrational that act is, the only thing that is left in her heart is her love for them and the anguish of not having been able to accompany them: "It breaks me to think that at the moment when they have been taken to death, on looking for a friendly hand, the consoling gaze of a mother, they have only found emptiness."

The final mark is comprised in the following sentence: "Don't forget that I am a free woman", where Medea faces the end she has been imposed, though not necessarily the end of her story, since she emphatically states: "...ideas cannot be eliminated...", precise expression joined to the intention that has undergone Through the acts and scenes.

Linked to the incardination of music and dancing as another means of expression, everything manages to take the play into the Andalusian culture, creating its own world where the use of flamenco provides proximity, emotional intensity and power, which is nothing but the reflection of the soul of Medea.

It is interesting to feel the strength with which it is evident how a work, a classic myth, so well-conceived by Euripides and that transcended along centuries and cultures, with different interpretations, opening roads to other lines of expressions and even reflection, gets renovated by our authoress. She does not present a vehement and vengeful Medea but an unfairly feared and defamed one, who despite knowing she is alone (an allusion to the Medea by Seneca), will try to restore herself to confront the mourning for her children, a woman who still believes in reason and dialogue, but a woman who will question and change the overused pairing "Greek culture/foreign brutality" with her attitude. That is why, brave and faithful to herself, she meets the inflamed mob waiting for her.

Finally, *Medea or the wounded heart of the pomegranate* is the proof of how possible it is to join past and present, the individual and the collective, ethics and beauty, which is the same as saying thought and art.

Congratulations to the authoress

Milagros Salvador

Medea

or the wounded heart of the pomegranate

DRAMATIS PERSONAE

FATHER
BAILAORA
GRANDMOTHER
MEDEA
HESTIA GODDESS
JASON
WET-NURSE
CHORUS OF BAILAORAS PRIESTESSES

ACT I

SCENE I

(Typical flamenco tablao, people who come and go. Greetings. Art floats up in the atmosphere. The guitar sounds can be heard, wrapping the space with an air of Alegrías. A tall flamenco singer comes on stage with great style, followed by a young girl who is putting on her little Manila shawl.)

FATHER.— Girl, I have told you many times that you must stop this nonsense, you are going to inherit a business and you must look after it.

BAILAORA.— But papa...

FATHER.— No ifs or buts, please be quiet!

BAILAORA.— What is it to you, the rehearsal in the *tablao* does not coincide with the rehearsal of *Medea*. I can do the two jobs at the same time.

FATHER.— Look, this is a business and businesses must be looked after 24/7. Besides, Flamenco is always Flamenco, no mixing. Everything else is nonsense. When foreigners come to watch Flamenco, they want to see our art, authentic, no bizarre mixtures which can only make matters worse.

BAILAORA.— But, that play, papa gives me the opportunity to grow as a flamenco dancer, to play a part...

FATHER.— Shut up! Don't you know how much people are going to laugh? But, what does Medea have to do

11

with Flamenco? Don't Greeks dance Sirtaki? (*Poking fun and gesturing with his arms.*)

GRANDMOTHER.— Enough, girl! (*Gesturing to calm her down.*) Son, haven't you seen beautiful plays where different styles of music would mix with Flamenco? And companies with no frilly dresses, but when they dance, they would take your breath away? Come on, don't talk to the girl like that, let her go to the rehearsals. As long as she commits to dancing here too...and when she is on tour, her sister, who also dances to take your breath away, can step in for her. And, you, my son, don't be so hard-nosed. That character has already been done in Flamenco. Manuela Vargas did it. Although your daughter's play, as the female director explained, is different. Medea is not a murderer, she does not kill anyone.

FATHER.— What? Come on, mother! Why do you know what the female director has said? What is going on here? (*Looks at them with suspicion.*)

BAILAORA.— (*Looking at her in bewilderment.*) Granny!

FATHER.— There is something fishy here. Why does gran know who Medea is? (*He addresses the girl with a strict tone.*)

GRANDMOTHER.— Don't say anything to the girl, the young thing is not to blame. She wants to learn, to get on in life, she has studies, has travelled and she knows other things.

FATHER.— Other things? Here what we all have to do is pull up our socks and focus on taking this ahead. This crisis is drying us up, and if we don't pull together and we get the dosh to live, bad job. But, you, mother, you have not answered my question, what is your role

in all of this? Apart from spoiling your granddaughter and covering her in all you can.

GRANDMOTHER.— Look, boy, I am your mother and I am growing old, you owe me respect. And my role is that the director has put her eyes on me and given me a part in the play. Enough said!

FATHER.— (*Getting angrier.*) What! That I have not ever heard before. Will I never! But what are you doing at your age getting embroiled in such business?

GRANDMOTHER.— That is enough. Now you can see how your mum is a Jack of all trades, (*calming down.*) I play the part of an old lady, a wet-nurse, the old lady who has looked after Medea since she was a young girl. Well, let's say that I am like her mother and I love her so much that I would flee far away from her land with her.

FATHER.— (*Outraged.*) But you even talk as if you believed it!

GRANDMOTHER.— Of course, I believe it, the female director is cleverer than a fox. You should listen to her. She has the gift of gab to explain everything and it is a joy to hear her. She is cultured, friendly.

FATHER.— (*Interrupting her with energy.*) and she messes up with you. But, mother, at your age... (*Confused.*) Are you not ashamed?

GRANDMOTHER.— What are you talking about shame! Don't I dance here in your *tablao* and I have worked my socks off to build this up? Enough! Now, I am also going to be an artist in a play in the theatre. Since I saw the girls at school, I have been dying to do it, but I could never do it because they took me out of school when I was nine.

FATHER.— And, are you also going on tour? But, then...
(*Despairing.*)

GRANDMOTHER.— No matter. María will stand in for me and there is nothing else to say. All my life I did what your father wanted, then what you wanted and I have had enough. I am going to do whatever I fancy. Besides, I have always liked to learn and you should see how these people work. They have a magnificent corps de ballet and they explain everything so well... (*Thoughtful and excited.*) That story of Jason and Medea, is like going to school again. Another chance I am given at my age. Curiosity doesn't die over the years, my son, and in my case it has grown.

FATHER.— Yes, curiosity killed the cat.

GRANDMOTHER.— Look, my son, don't get angry, sit down. Girl, bring your father a little glass of *fino*, we need to talk!

FATHER.— Mother, I have nought to say, you have already discussed everything behind my back. I have no business here.

(*The BAILAORA comes out with a glass and puts it on the table. Suspiciously, she looks at her grandmother, and her father looks crestfallen. The BAILAORA starts to warm up on the stage and she begins to do flamenco style heel work, which fills up the scene with questions. The FATHER and the GRANDMOTHER converse.*)

GRANDMOTHER.— Young thing, stop tapping your heels and come here to talk to your father. We have to find a solution, tell him the sad story of the Greek woman.

BAILAORA.— (*She continues to dance, now with great expressiveness, performing steps that we will see later on in*

Scene II. She lets her hair down that she will tangle with her hands, two doves which will take us to other times but without paying attention to what is being said. Then, she responds with great enthusiasm.) She was not Greek, Gran, she was from Colchis, a land further away than Greece, far away on the Eastern side of the Black Sea.

GRANDMOTHER.— Look, see all you can learn.

FATHER.— Come on, as if I would like to learn Geography now.

GRANDMOTHER.— (*Enthusiastically.*) It is never too late. Listen (*putting her hand over his shoulder in a maternal gesture and sitting next to him.*) We were told a long time ago that Medea represented the bad woman, because she was a sorceress who had killed the woman to whom Jason, her lover, wanted to marry in order to reign in Corinth. Then, a witch as she was, Medea weaves a dress and a crown for Jason and Glauce's wedding and she uses her own children, because she already had two children with Jason, to bring the bride the gifts. When Glauce puts on the dress and the crown, believing that Medea has finally accepted her wedding to Jason, they turn out to be poisoned gifts and get burnt when in contact with the skin of the young princess, but nobody can do anything, not even her father who also burns alive trying to save her. The horror of the crime is such, that Medea has to flee leaving everyone in shock.

FATHER.— What a nutcase!

GRANDMOTHER.— And you should see how the female director reads, interpreting, explaining the whole meaning of the play and the characters. She recited

some little chunks of the play by a writer... (*Thinking.*) what was his name..., Eru?

BAILAORA.— (*Coming closer and pulling her hair up with great style.*) Euripides, a Greek, writer of tragedies. And besides, there is a *Medea* by Seneca.

FATHER.— Look at all of this culture. What one has to put up with! What a soap opera! and so they say...

BAILAORA.— But that is not all. They also explained that there are other stories about Medea which are even more horrific, in which she, mad with jealousy because Jason leaves to marry Glauce, murders her children throwing them off from the roof.

GRANDMOTHER.— Oh, my dear girl! But one gets goose bumps with the other thing they said (*she looks at her son creating expectation with a very dramatic wink.*)

FATHER.— Mother! What?

GRANDMOTHER.— Shall I go on? (*With irony.*) An alternative version of the story tells that she herself, with her bare hands, had killed her children and in complete cold blood, had cooked and served them to Jason at dinner, a last dinner by which they sealed the pact where she agreed in good grace that Jason could marry the other one, how scary!

FATHER.— (*More interested by the topic.*) that reminds me... (*thoughtful.*) Mother, didn't you use to tell a *romance* where another crazy woman did something like that?

GRANDMOTHER.— Yes, auntie Juliana, who was a woman who would leave us spellbound with her tales and her songs, used to tell me so. Poor Thing! She was so amazing!

BAILAORA.— But dad, the most interesting thing is that nowadays there are female writers who have done other versions of the myth of Medea.

FATHER.— (*In astonishment.*) But, can you do other versions just like that?

BAILAORA.— Well, of course! Female writers are renewing the myths, those myths in which women are always the baddies or the dumb ones, the reasons for all evil...

FATHER.— (*Very serious.*) That is what you are, and don't make that face.

BAILAORA.— Dad, that is not true. Those are lies that the patriarchy has always told about women.

FATHER.— Patriarchy? What do patriarchs have to do with all of this? You spare no one (*looks at her daughter with severity.*) All this studying is drying up your brain, so many books and what for? Now that you don't even respect the most sacred.

BAILAORA.— Dad, patriarchy, so you can get it, is machismo.

FATHER.— Here we go again with the same old story! All our lives we have respected our elderly, the patriarchs, good honest people.

BAILAORA.— (*In a pedagogical tone.*) Patriarchy is, so we can understand each other, synonym to a world where laws are made and thought by men and for the benefit of men. In other words, what the world was about until women woke up a little bit.

GRANDMOTHER.— Well said, girl, you talk so well, it is a joy to hear you. With your knowledge and what you are going to carry on learning, you are going to be better than the female director of Medea. How proud I am that someone in my family is so clever!

FATHER.— You have now got the feminist frenzy. I say that you should be taught what is our law.

GRANDMOTHER.— But laws are made by men, my son, and men have always looked after number one.

BAILAORA.— Grandma, please admit that it is not a good example, our men never look after...anything.

(They all laugh, the atmosphere relaxes.)

FATHER.— That was the last straw, to become the laughing stock of my *tablao*, as if I had not had enough with the female stuff going wild, conspiring behind my back...

BAILAORA.— Oh, don't get so tragic!

FATHER.— Talking of tragedies...in the end, what play are you going to put on? That of the Greek?

BAILAORA.— No way! It is a new play, but it follows the line of rewriting that I have explained to you. I have already told you that in the 20th century there were many female writers who made their versions of the myth. There is a German writer, Christa Wolf, who wrote a novel, MEDEA.— *Voices*, in which she says that Medea was a wise woman, daughter of Aeëtes, King of the Colchis and the nymph Idyia, priestess of Hecate and niece of Circe, who initiated her in magic. She came from a culture in which a woman was not considered inferior, but an equal, a culture which valued and listened to women. That's why Medea crashed with the values of the patriarchal Hellenistic society, and there, she will be relegated and shadowed. But her bravery will make her find out a terrible secret.

The elderly in the council will not forgive her attitude and will draw a plan to destroy her.

FATHER.— Oh well, we men are again the baddies! Come on! Stop this chattering and get on with your work! I am fed up with carrying so much guilty burden on my back this afternoon! Come on, to work!

(Total darkness.)

ACT II

SCENE I

(Guitar and clapping music playing a seguiriya. The BAI-LAORA performs with joy with her dress made of petals which fall scattered, making a path where her feelings flow freely. After the dance, she prepares an altar to Hecate and the juice of the pomegranate dyes the scene. Other BAILAO-RAS carry garlands and lit lamps and start to circle the space where Medea will carry out her ritual. A headdress of stars crowns her brow.)

MEDEA.— Oh, Hecate, you who have more power over land, sea and sky than any other god or goddess! Help me as you helped Demeter. Goddess of the crossroads, get me out of this painful path. Give my intuition the power and channel the waters of my subconscious, fogged by sorrow.

(The BAILAORAS start dancing in a circle and with their heelwork mark the text in a rhythmic dialogue of solea por bulerías.)

CHORUS.— Oh, Hecate, you who has more power over land, sea and sky than any other god or goddess! Help her as you helped Demeter. Goddess of the crossroads, get her out of this painful path. Give her intuition the power and channel the waters of her subconscious.

(The luminosity of the first scene is turning into darkness. HECATE triumphs and extends her black mantle scattered with stars. The priestesses pull it up like a starred banner over the goddess and MEDEA, who move together in a fortifying dance. But the goddess pulls away from MEDEA and with resounding voices says a few words to her.)

HECATE.— Medea of the raptured heart, calm down your spirit, don't be in haste. Jason's love has made you get lost in the blackness, pulled you away from your most intimate being and you only walk in the unsafe waters of the slumber. But this dream will not feed your spirit. Wake up from this lethargy. Seek, seek the light within you.

(HECATE continues to whisper in her ear and MEDEA pulls away with an enraged heelwork in solea por bulerias. She does not want to listen. The PRIESTESSES dance and sing at the same time in the manner of a Greek Chorus.)

CHORUS.— She will spill in her bed. The chalice of her womb will keep awake for the encounter, tidal waves of love will make her breast bigger *(they turn around MEDEA weaving a narrow net.)* and she will remain prisoner of love, full of deceitful caresses...Oh, Medea, wounded butterfly, your strength is blurring. *(The PRIESTESSES begin to disappear from the scene and heelwork slowly vanishes as if falling asleep.)*

SCENE II

(*MEDEA dances among the waves, the sea breeze plays with her hair, the sea is rough. The corps de dance puts sea foam brush strokes on the blue waves where MEDEA, dancing, opens herself to a new life. She embraces JASON and the dance shows their powerful love of unbreakable ties, splashed by the rumour of the waves. JASON, after kissing her, arranges the sails. Once more alone on stage, MEDEA like a prow figurehead, remains still and peers the inevitable and uncertain horizon.*)

VOICE.— (*A masculine voice shouts powerfully.*) Land! Land! Land, comrades! Land!

SCENE III

(*MEDEA dances full of love and she falls exhaustedly. JASON visits her and dawn crowns the loving encounter, but the warrior's helmet and the shield interpose between the two lovers. Its emblematic shadow hides them.*)

MEDEA.— (*In an inconsolable voice.*) Jason, stop, I cannot hear what you say. Are you asking me that the memory will quench my thirst for love? Do you happen to believe that remembering water in times of drought will make the earth blossom? That moss and fern will crown the inflamed hedges of the dry and poisoned wells? The memory is only a passable road in old age, it is only a consolation for the heart, tired by the years

23

and the absence. I don't want to be a lonely tree in a hidden forest! I want life to nest on my branches (*she tries to stop him.*) I want my leafy womb to multiply the waters of life that await your seed!

I am young, Jason, (*pleading.*) I am alive and I want to calm my thirst only with you, but not locked up in a secret chamber. Because my love is sincere, I have nothing to hide. My desire is like a watercourse which cannot be deviated and it runs towards you inevitably. And...now you reject me? What vermin has poisoned your mind and your heart?

(She tries to stop him with a kiss. A silent JASON rejects her. MEDEA retains him holding his hand which finally elusively flees.)

MEDEA.— (*Becoming aware of her loneliness.*) How is it that you waited for dawn to arrive concealing me in the strongest darkness? And now you say that you are going to abandon me, what reasons of state need you? Can the state with its laws trample over the purest feeling and silence the kindest words?

SCENE IV

(Rumours and strong blows can be heard behind the door.)

WET-NURSE.— Silence, brutes! You, who do not know the subtlest secrets of Mother Nature, who never watch the dew on the flower or the blossom on the branch.

You, who are directed by lethal gods who have made the sword their best work and slavery and war a whole art, the art of death.

It is not blood the red in her hands. It is the juice of the sweet pomegranate, who she herself has squeezed with her hands in honour of Hecate, her goddess, whom she deserted to follow the brainless promises of a rough foreigner. For his sudden love, hardly a sigh... How little time did this happiness last, my young girl! How big the risk you have run! You have left everything for that Jason who has not hesitated a moment to forget his loving promises. (*She also bangs the door as if she wanted to soothe the threatening street clamour.*) Medea, my daughter, come to my lap, I will appease your pain. This old woman still has the strength to defend her little girl.

MEDEA.— (*MEDEA, like a little girl lost in the crowd moves towards the WET-NURSE and makes herself comfortable, putting her head on her lap; the old lady caresses her long hair.*) Wet-nurse, how long has it been? Whatever happened to my children, whom I breastfed with my nourishing breasts, whom I educated with laws open to love and respect for the foreigner? Whatever happened to me? Where am I? Why is there so little light? It is because of Jason, isn't it? He has repudiated me, he has denied his children and he does not think of the damage because his greed blinds him. Wet-nurse, (*cries bitterly.*), I loved him, I loved him so much that I have lost the way to go back to myself and since then I walk in this labyrinth of dry branches and incandescent rocks. How could Aphrodite abandon me this way and bless

these deceitful nuptials? Oh, unfaithful foreigner! She encouraged in my being a greedy desire to drink in your lips the light of your smile. (*She looks and talks as if JASON were in front of her.*) Your hands on my body woke up my veins like wild rivers and then, under his omen, I rushed and abandoned my father; implacable, I impeded that his fair laws would fall upon you. Oh, fickle foreigner! All my science could not protect me from your deceitful love, blinded as I was by the concealed rumour under your silky skin and your smell of wind and distant waves.

(Tired, they keep quiet. The WET-NURSE seems asleep and MEDEA stands up, caresses the old woman's cheek, but the pain breaks her in two.)

MEDEA.— You punish me, Jason, because you have put power before love. I thought I was the ripe pomegranate of our love, red of passion, pregnant with sweet acts. What lack of tact! I don't know how I don't bleed in the pain of your absence which was gestated before arriving to this inhospitable land, made only to quench the greed of men. I wanted to share my wisdom like an equal, I thought I could change your world, smooth the sharp swords of injustice, but it is not possible. This land which tramples over the flowers it does not know, and let its women's desire die of thirst, women who cannot even enjoy the fresh air which brings wind to the reasonings of the agora. What inhospitable land! when you talked to me about its grandeur, its potential, its virtues... my ear in love believed you. Love blinded me. I never thought that men and women could live separated by a wall of

incomprehension and disdain. How different from the friendly encounters of Colchis, my far away and outraged land. Now my sex made of petals, caressed and respected like a sacred chalice of life in my land, is full of disdain and I am no more than a whore to all of those who look at me. And you feel ashamed if I speak in public or I dare refute your fellow speakers, as my knowledge must stay hidden, otherwise I could be accused of sorcery. My knowledge from thousands of years becomes a great danger. Your male pride cannot let a new seed be sown in your land, prodded as you are onto so much injustice. Jason, you have not wanted to look towards the other shore, nor to question your unfair laws. You are scared to know how other peoples have grown without enslaving or invading their fellow people.

But your people, oh Jason, despise the foreigner and fear those who are different. You call them Barbarians. You have refused to listen to my words, those of a free and wise woman. You have not yet understood that slavery also makes the slaver unhappy. And, above all, Jason, you have broken a promise, that promise which is only blessed by true love, the one that the heart chooses without accounting nothing to no one.

WET-NURSE.— (*Trying to calm her down.*) Please come down. Jason is not here. Give your mind and your wrinkled heart a rest... (*Medea ignores her plea and she walks away from her like sleepwalking.*)

MEDEA.— (*Talking to JASON more calmly and without listening to the WET-NURSE.*) And I pity you, oh beloved, because you are prey to ambition and you are only a man standing up in war and making it the centre of your life and economy.

Unhappy me who believed that on stealing the golden fleece from my people and giving it to yours, you would accept our laws, you would not prime on the weak, and above all, you would make women your equal, your companions in this beautiful journey that life is. But I was blinded by love...You lied when you said you knew love.

True love, Jason, does not know walls. True love does not conquer nor wound. You have preferred, like all your people, to have a woman who for you is just another step to reach power, which you so much desire. What do I say a woman! You already had a woman, and it was me. Better to say, a slave who will soon strike the bars of her cell. The golden house where her father and you intend to lock her up for ever. Don't believe that I envy her. I feel pity, as without true love, any union becomes impure before the goddess. But I forgot that your gods plan intrigues and betray the same as you do. (*She falls into slight slumber in her own pain.*)

(*The WET-NURSE puts on her cloak, shaken by cold, and watches her. She also covers MEDEA. MEDEA wakes up, lifts herself up tired, rolls up the cloak and falling on her knees puts it closer to her womb, falling into a loving trance. As if he had been invoked, JASON comes on stage and she caresses him drawing in space his body with her wise hands and they wrap themselves up with the cloak. They dance together a loving dance which makes them forget about their disagreements. MEDEA tries to keep him once more, but JASON bids her farewell with a brief kiss and leaves the scene with martial step. MEDEA comes back to reality, is again on her own, stretches her hands to stop him from leaving, but she only finds the emptiness, the shadow.*)

MEDEA.— (*Starts to talk more loudly entangled in her passion.*) How could you, oh Jason, slash my heart with the sad bitterness of forgetfulness and pact a wedding, staining our love with the hoarse vileness of the reason of state, and choose, without hesitating a moment, the daughter of Creon? I still cannot syllable her name; her memory turns my heart into a maggots' nest. They defame me, those who say that I have tried to kill her, never were my art and wisdom at the service of death. You must believe me, Jason. Life is what I offer you in honour of the goddess, cities without walls, an art which values life and has in nature its best ally. Neither shields nor helmets will you find in it; hoes to work the land and bowls to keep its fruits. And shared love, sealed with the strength of mutual trust.

(*MEDEA falls on the ground facing down as if she wanted the earth to swallow her and cries bitterly.*)

SCENE V

(*The PRIESTESSES come on stage always dancing in a semi-circle in one direction and another with the monotony of distant echo.*)

CHORUS.— Medea, your sorrow is growing, the polis patriarchs have conjured the worst of punishment for you. Oh Medea! Medea, you will leave this land and you will be condemned to shameful exile, you will walk barefoot and only the comfort of the sacred woods will hide your misfortune of despised woman.

29

Oh Medea, Medea! Abandonment is narrowing its fence around you, it wants to drown your happiness. Protect yourself against it! Don't let despair nest in your bosom. Lift up your mood, black Medea. All you need is within you. Your bosom lights up with the most shining stars, your potential, your source of life, the well of your great wisdom will guide your steps.

(*The foot work of the PRIESTESSES is the counterpoint of the voices that repeat her name like a litany that fills up the space. They leave the stage with a thunderous racket.*
Complete silence and dense darkness. A red light opens to light up MEDEA, who is beginning to be conscious of her body and, as if she was rebuilding its pieces, she lifts her voice calling the WET-NURSE.)

MEDEA.— Wet-nurse! Wet-nurse! Prepare all the utensils for the journey. Put some water and fruit in that little basket we brought for Colchis. Bring my children (*she hesitates. She arranges her tunic.*)

No! Wait! Before that I must wash my face. The furrows of pain must be erased, the freshness of water will be useful. And my hair (*she lets her hair down and arranges it again.*), I must brush it too, I will look unkempt. I must clean my body and look after it.

From now on, my children only have their mother. (*She moves with determination and her voice becomes stronger and stronger.*)

We will find shelter in remote lands and perhaps my father will let me come back. I will be a fugitive, but maybe my children, his grandchildren, will find the

protection that they need now. They are innocent souls, they cannot take the blame of those who gave them life.

But, what is going on? Why aren't you coming?

WET-NURSE.— (*She comes in downcast, moving her head, sad. She looks MEDEA in her eye and she takes her face between her hands.*) Medea, you know that I have raised you like a daughter, I have accompanied you in your long journey, although it has been more a flight than a journey, and I have done it without hesitating because I love you more than anything in the world. But, I fear that my love, even though it could be bigger than the sea, cannot be enough to ease your misfortune. My daughter, one doesn't have to give birth to a being to love him or her like a son or daughter. Suffice to say that I would give my life without hesitation, to make a keyhole for the poison to be taken out, the poison which will cause the sad news that I have to give you.

(*The PRIESTESSES circle MEDEA, they hold her with love, trying to soothe her suffering. MEDEA seems to faint and they hold her. They place their arms above her shoulders so that she remains entangled like a chain of the semicircle they have formed and they move, taking her almost suspended in mid-air.*)

CHORUS.— Oh, Medea, don't you know which ties of anguish will cling on to your heart until turning it into smoke? Medea, from Colchis, how many times you will regret having taken the wrong path. You will not be able to find the solace in the fruits of your womb.

(*MEDEA lets loose and inquires the PRIESTESSES who remain silent. She taps her heels looking for answers that she cannot find. The PRIESTESSES leaves the stage.*)

MEDEA.— (*In an anguish voice.*) Wet-nurse, speak! Speak with the frankness of a mother because that is what you have been to me all this time. Speak with the determination of a guide, the wise woman who has flattened my way. For the Goddess' sake, speak, I beg you! Tell me what they have told you!

WET-NURSE.— Sweet Medea, (*she brings her towards her and kisses her head, as MEDEA has kneeled down before the old lady.*) No, the wrath of these sickly people hasn't ended, lifted by the blood of their enemies, proud in the art of war and slashing the sea with their greedy oars. You are going to suffer a fate crueller than the shame of love rejection, bigger than the malice of exile...

MEDEA.— (*She stands up violently and cuts with her sighs the WET-NURSE's litany.*) Oh, no, for my children's sake, I beg you! Say what you have to say and don't waste any more spit nor rhetoric as if you were a vulgar wailer.

WET-NURSE.— The council has planned the worst of revenges, with virile cruelty they punish you. They are going to stab their spears in the centre of your love to exterminate it. (*MEDEA comes back in a rage and with exalted gesture she makes her speak.*) Medea, they are going to destroy what you love the most, the profound ties that unite your children to your womb will be cut by the roots.

Their hatred is a profound chasm, they want you to be a barren land for good. The fruits of your womb

will be taken away from you. Medea, they are going to take revenge on your children.

MEDEA.— By Hecate! Have you lost your senses? there is no room for such evil not even in the hearts of these irreverent men, despotic with women. I don't believe you. What are you hatching? Do you believe that my love madness will make me harm Jason and white Glauce? I am a woman in love, but I am sane. And I know that love cannot be forced, and a love that is hidden is not healthy.

I am not going to harm them. I have already been condemned when a hurricane has fallen on the little joy which nests on my bosom. I accept my sentence: Jason's disdain is worth my errors. Don't you think that is a fair payment?

And now it is only me, Medea, kept in her body deprived of love, but this body, here it is! Look at it! (*She lifts up the WET-NURSE's face who, broken by sorrow, lowers her eyes.*) This body of mine can still move, walk and run away from this fateful land, carrying my children with me.

WET-NURSE.— Yes, my child, there is only Medea left, you speak the truth. My grieving words are not inventions nor mad acts. The decision of the council is unequivocal. Creon is going to inflict on you the worst punishment to subdue your pride of a powerful woman. And I know, my dear, that what I am about to announce is worse for you than death. Your smile will become foggy, you will never want to open your mouth to nourish your body nor breathe to hearten your spirit. The poison of outrage and the emptiness of your womb will be more bitter than the bile in

your mouth. A chasm of hatred will break in two your womb, where once there were cataclysms of love, rumour of waves which announced the waters of life. Now listen...

MEDEA.— (*Throws her authority at her.*) Be quiet, stupid woman! I don't know so much sadness. There are herbs who will help your crazy spirit calm down. The heart of the evilest man cannot inflict the pain that you are describing. But, tell me at once!

WET-NURSE.— My daughter, there are no herbs in the whole Earth which can help to calm the pain that you are going to feel when I tell you what I have no choice but to tell you.

MEDEA.— Don't make me implore the Goddess again (*in a submissive voice.*) And tell me the news they have brought from the palace.

WET-NURSE.— (*She speaks derange.*) Oh Hecate! they have wounded the heart of the pomegranate whose juice was used in your rites. Now, life, symbolised in her red juice, has been stamped upon and turned into vile sacrificial blood.

MEDEA.— Wet-nurse, you scare me, you speak like a mad woman.

WET-NURSE.— Madness is small deed, my little girl, because these men who have not accepted neither your wisdom nor the purity and nobility of heart with which you have conducted yourself, have twisted the thinking and they have used your gestures and acts, poisoning them... (*Exhausted by the grief, she takes her hands to her bosom as if a stabbing pain was taking her down. MEDEA helps and holds her.*)

This way the red remains on your hands and the stains on your tunic, which people have seen when you came back from Hecate's rituals, are not for them the rests of the sweet and sour fruit...

MEDEA.— Come on, wet-nurse! The pomegranate can also be bitter, but we are not going to start talking about flavours. Please, tell me, having you been ruminating this misfortune all day, say what you have to say.

WET-NURSE.— ...But the convincing proofs of the murder who they want to pin on you. Bitter my words will be. They have not let you follow your way. You, who have always been life, now will have to walk through death (*The WET-NURSE caresses her willing to fill MEDEA'S emptiness.*) Listen, Medea, what I am about to say. There is no evil plan worse than this. Lies were not useful to them, those lies which like dirty waters they have flooded on to your clean thinking, seeding the slander that you intended to kill Glauce, weaving her a tainted dress by your magic with a poison to cause her a terrible death.

MEDEA.— But I love life and I would never harm Glauce. Above all I feel pity because she is nothing but a toy in the hands of her father who treats her like an object because in this land a woman is not a person, but a currency (*she starts to raise her voice, protected by reason.*) But that is why I don't care. I don't care what they say with their perfidious tongues (*she gets up enraged like a caged lioness.*)

WET-NURSE.— Medea, stop (*with pitiful voice.*)! Oh, Goddess, give me the strength to say these words.

MEDEA.— Wet-nurse, what is happening? Why do you beat about the bush so much?

WET-NURSE.— Medea (*holds her lovingly with her hands, looking at her intently in the eye, her chin moves quivering in pain and crying.*), my little one, they have killed your children, our little ones. The intrigues of the past have murdered the hope of the present (*She drowns in her own sobs.*) They have killed them and have devised an evil plan. They have spread the slander that you killed them yourself to take revenge of Jason's whimsical love and the unmeasurable avarice of the king.

(*MEDEA falls unarmed before the WET-NURSE's words. Kneeling down, she puts both her hands covering her mouth in a useless attempt at stopping time, at trying to understand everything is happening.*)

CHORUS.— Let the pious night stretch her black mantle over the bodies of your children and over your womb for ever wounded.

Let the Goddess weave over the lifeless bodies of your children a murky mantle of burning love and cold waters, black and red, so that you can start to live without their touch, without the warm comfort of their smiles.

Let the pious Goddess cover them and so make your enormous love and their early departure evident, so that the mourning set them far from you with loving cadence.

Let the Goddess give you the intelligence to understand the fragile step from life to death.

(The PRIESTESSES turn around Medea and they envelop her with a dance. The heelwork marks a hoarse and gut-wrenching scream; but starts to quieten down the painful feeling of mourning.)

WET-NURSE.— Medea, let's run away from this land where death usurps the rights of life so easily.

(MEDEA crawls along the floor, crushed by the fortitude and cruelty of the words and shouts inconsolable.)

MEDEA.— Oh, Wet-nurse! What else can they do to me? Leave me alone with my sorrow, now that everything is desolate. My life is a barren field. My life, fertile in the past, now is nothing more than the sad cloud of smoke in the forest after the fire. They wanted me to become ashes and now, perhaps they have succeeded. *(Standing on the middle of the stage.)* I want to put the sun out, that the courses of rivers withdraw towards my own crying. I want to crush the freshest petals with my fingers, trample on their fruits, so that everything is a burning rock like this sepulchral hole that I feel here in my womb *(she touches her womb with both her hands.),* sacred chalice which once gave life to my children murdered by this dark mob of servants of the sword, who do not know more laws than those of the dominion, and who think that a woman's womb is only the recipient which hosts the seed recently planted by a man. I am not afraid of my loneliness, but theirs.

It breaks me to think that at the moment when they have been taken to death, on looking for a friendly

hand, the consoling gaze of a mother, they have only found emptiness.

(Shouting and beating can be heard over the gate which the angry mob is trying to cross. MEDEA hears them, gets up with great dignity and is not afraid of them.)

WET-NURSE.— Medea, my daughter, slander is going around like a furious vortex in the city. People blame you and they are coming to take revenge.

Medea, let's flee, you are a threat to these men who keep women captive, who enslave whole towns. They fear that your example may tumble down their beliefs. Your actions of a free woman are a menacing affront to those who do not feel women as equal. Your existence burns their hearts. Your way of thinking is a fire that once lit, burns the deceitful values on which they have built this wall of hatred and oppression.

MEDEA.— Wet-nurse, *(overwhelmed with sorrow.)* how can a woman on her own demolish the laws on which they have founded their deceits? *(Going to the gate.)*

WET-NURSE.— Where are you going? *(Grabbing her.)*

MEDEA.— I am going to get out. I have never been scared of them. That is why I am the butt of their wrath. These barbarians not only kill mothers, but also weave the worst of deceits, making believe that a mother in her right mind can kill her children, used as they are to offer their daughters in sacrifice to get favours from their gods.

WET-NURSE.— Don't do it *(grabs her.)* Medea, let's run away.

MEDEA.— Do not feel fear, Wet-nurse. I have nothing left than the bare truth and I must talk to them. After

that, I will ask them to give me back my children's bodies. I want to prepare them for their journey. I must bury them and take full consciousness that it is only Medea left.

CHORUS.— Oh, Medea, trampled pomegranate by vile reasons from those who do not value life as the most sacred gift, live your final hours of mourning in this stopped time, but do not forget your power...look inside yourself, because it dwells in there.

MEDEA.— Don' t forget that I am a free woman and even if they kill me, as they have done to my children, ideas are fertile and cannot be eliminated. Men and women from Corinth will know that a woman who did not make a way of life out of abuse, who respected Earth and all of its gifts, walked in its streets.

We people die, ideas cannot be erased. They, vile men, have wanted to quieten the female wisdom which I carry as a beautiful heritage and that has been sowed in the heart of so many women and of the men who love them: the real changes, dear Wet-nurse, must come from the hearts. Thank you for accompanying me in my fateful hours, but do not cry and remember that after the coldness of my death, the fertile seeds will bear their fruit for ever so that Medea will always, always remain.

(MEDEA solemnly addresses the angry mob. A rumour of hatred floods MEDEA's reasons.
Total darkness.
The BAILAORA dances taking MEDEA's spirit. HECATE accompanies her and protects her ashen soul by the sorrow that flies over at the rhythm of a winged heel work.)

THE END

Acknowledgements

Writing Medea or the wounded heart of the pomegranate has been a dream scattered with big uncertainties, which were much more bearable thanks to the love and the composure of my female friends, and that is the reason why I want to thank each of those who have woven in the laborious loom of this text.

To Mercedes Porcel Martín for giving birth to my work into a new life in English; to Concha Muñoz Estepa, for unfolding the magic of her paintbrushes sketch after sketch for the cover; to Milagros Salvador, for the kindness of her preface; to Giuliana Musso, who lent me her unpublished work *La cittá ha fondamenta su un misfatto*, the adaptation for stage of the novel by Christa Wolf, *Medea* Voci; to María del Mar Ibáñez Jiménez-Herrera, for her calm and everlasting help; to Rocío Rosado Franco (flamenco singer) and Carina Andrea Nimitan (flamenco dancer), who gave my work the right rhythm; to Miriam García Vidal, for paying attention to my spelling slips with the magnifying glass of love, stretching her days and allying herself with the generosity of the moon.

As for male friends, I truthfully should mention Mateo García Barea and Antonio Jesús León Romero for their devoted readings and to Francisco Antonio García Romero for his detailed classic look; to Julio de Vega López, who drove my work to the verge of *caló* and to Charlie Geer, who set the heel work without stepping and, of course, to Pablo Miñano Carmona, who rescued the file from the wreck of my next to last computer.

And to my daughter Elisa, my most enthusiastic reader and my teacher in so many fields.

This book was printed on
december 2, 2024,
birth anniversary of
Lola Gaos.

Este libro se terminó de imprimir el
día 2 de diciembre de 2024,
aniversario del nacimiento de
Lola Gaos.

AGRADECIMIENTOS

Escribir *Medea o el herido corazón de la granada* ha sido un sueño salpicado de grandes incertidumbres, que se hizo mucho más llevadero por el cariño y el aplomo de mis amigas. Por eso quiero agradecer a todas y cada una de las que han tejido en el laborioso telar de este texto.

A Mercedes Porcel Martín por alumbrar mi obra a una nueva vida en lengua inglesa; a Concha Muñoz Estepa por desplegar boceto tras boceto la magia de sus pinceles para la portada; a Milagros Salvador por la bondad de su prólogo; a Giuliana Musso, que me dejó su obra inédita *La citta' ha fondamenta su un misfatto*, adaptación para el teatro de la novela *Medea Voci* de Christa Wolf; a María del Mar Ibáñez por su calma y ayuda sempiterna; a Rocío Rosado (cantaora) y a Carina Andrea Nimitan (bailaora) que la metieron en compás; a Míriam García Vidal por mirar con la lupa del cariño mis descuidos gráficos, estirando las horas del día, y por aliarse con la generosidad de la luna.

En cuanto a los amigos, no haría honor a la verdad si no nombrase a Mateo García Barea y a Antonio Jesús León Romero por sus lecturas entregadas. A Francisco Antonio García Romero por su minuciosa mirada clásica; a Julio de Vega López, que la llevó por la vera del caló y a Charlie Geer que puso el taconeo, sin taconear y, por supuesto, a Pablo Miñano Carmona, quien rescató el archivo del naufragio de mi penúltimo ordenador.

Y a mi hija Elisa, mi lectora más entusiasta y maestra en tantas cosas.